ÉTUDES DE PHILOSOPHIE NATURELLE
3me SÉRIE : N° 10

TRANSCENDANCE ET VARIABILITÉ

DES

IDÉES RÉELLES

PAR

J.-ÉMILE FILACHOU

Docteur ès-Lettres.

*In se Permanens
omnia innovat.*
Sap. VII, 27.

MONTPELLIER | PARIS
Félix SEGUIN, Libraire-Éditeur | DURAND & PEDONE-LAURIEL
Rue Argenterie, 25 | Rue Cujas, 9.

1881

Suite des Ouvrages du même Auteur

N° 10. Classification raisonnée des Sciences naturelles. 1 vol. in-12.

2ᵉ Série : N° 1. La mécanique de l'esprit conforme aux principes de la classification rationnelle. 1 vol. in-12.

N° 2. Organisation et unification des sciences naturelles. 1 vol. in-12.

N° 3. L'Histoire naturelle éclairée par la théorie des axes (avec planche). 1 vol. in-12.

N° 4. La mécanique de l'esprit par la trigonométrie. 1 vol. in-12.

N° 5. La Classification rationnelle et le Calcul infinitésimal. 1 vol. in-12.

N° 6. La Classification rationnelle et la Phénoménologie transcendante (avec planche). 1 vol. in-12.

N° 7. La Classification rationnelle et la Géologie (avec planche). 1 vol. in-12.

N° 8. La Classification rationnelle et la Pragmatologie psychologique. 1 vol. in-12.

N° 9. La Classification rationnelle et la Pneumatologie mécanique. 1 vol. in-12.

N° 10. Éléments de Psychologie mathématique. 1 vol. in-12.

3ᵉ Série : N° 1. Identité du Subjectif et de l'Objectif (avec planche). 1 vol. in-12.

N° 2. Le vrai système général de l'Univers. 1 vol. in-12.

N° 3. Origine des Météorites et autres corps célestes. 1 vol. in-12.

N° 4. Sources naturelles du Surnaturel. 1 vol. in-12.

N° 5. Prodrome de Chimie rationnelle. 1 vol. in-12.

N° 6. Du premier instant dans la série des êtres et des événements. 1 vol. in-12.

N° 7. Fins et moyens de Cosmologie rationnelle. 1 vol. in-12.

N° 8. De la contradiction en philosophie mathématique. 1 vol. in-12.

N° 9. Du péché originel et de son irrémissibilité. 1 vol. in-12.

Montpellier. — Typogr. Boehm et Fils

ÉTUDES DE PHILOSOPHIE NATURELLE

3ᵐᵉ **Série : Nº 10**

TRANSCENDANCE ET VARIABILITÉ

DES

IDÉES RÉELLES

POUR PARAITRE SUCCESSIVEMENT :

4ᵉ Série : N° 1. Grâce et Liberté, fondements du monde visible. 1 vol. in-12.

N. 2. Commentaire philosophique du premier chapitre de la Genèse. 1 vol. in-12.

N. 3. Erreurs et vérités du Transformisme. 1 vol. in-12.

N° 4. De la nature et du devenir des Corps en général. vol. in-12.

N° 5. Nouvelles considérations sur les Corps célestes en général et en particulier. 1 vol. in-12.

N° 6. Principes de Cosmologie. 1 vol. in-12.

N° 7. Principes de Géologie. 1 vol in-12.

N° 8. Le monde réel ou Dieu, l'Ange, l'Homme. 1 vol. in-12.

N° 9. Principes de Physiologie. 1 vol. in-12.

N° 10. Les trois Centralités. 1 vol. in-12.

5ᵉ Série : N° 1. Du mouvement hyperbolique et de ses applications. 1 vol. in-12.

Montpellier — Typ Boehm et Fils.

ÉTUDES DE PHILOSOPHIE NATURELLE
8me SÉRIE : No 10

TRANSCENDANCE ET VARIABILITÉ

DES

IDÉES RÉELLES

PAR

J.-ÉMILE FILACHOU

Docteur ès-Lettres.

*In se Permanens
omnia innovat.*
Sap. VII, 27.

MONTPELLIER | PARIS
élixSEGUIN, Libraire-Éditeur | DURAND & PEDONE-LAURIEL
Rue Argenterie, 25 | Rue Cujas, 9.

1881.

IDÉES RÉELLES

IDÉES ABSTRAITES

ÉMILE BEAUSSIRE

MONTPELLIER   PARIS

1881

AVANT-PROPOS

Dans ce traité, par lequel nous terminons notre 3ᵉ série, nous allons tâcher d'éclaircir une partie des notions que nous n'avons pu suffisamment développer dans le précédent, nous réservant de continuer dans la 4ᵉ série ce que nous n'avons pu qu'ébaucher dans la présente. En terminant cette dernière, nous croyons cependant devoir signaler la grandeur du point de vue que nous nous sommes, avec un certain droit peut-être, approprié.

Le système que nous avons voulu formuler n'est rien moins que le système du Monde. Nous avons établi l'identité fondamentale des trois règnes de la Nature, *animal*, *végétal* et *minéral*, et des trois systèmes, *solaire*, *stellaire* et *cosmique*. Rangeant alors sous l'unique catégorie du genre *spirituel*, le règne *minéral* et le système *cosmique* identifiés, nous en constituons une seconde, plus facilement abordable à l'analyse, des deux groupes du règne *animal* et du système *solaire*, ou du règne *végétal* et du système *stellaire*, identifiés encore. On a nommé d'un nom de personne, *newtonien*, le système *solaire* assimilable au règne *animal*; il importerait donc de nommer également d'un nom, sinon de personne, au moins de fonction, le système *stellaire* assimilable au *végétal*. Le système *solaire*, dégagé de tout nom propre, est le système de l'*attraction*. Par la même raison, si le système *stellaire* est réellement basé sur la répulsion, il doit être dit le système de la *répulsion*. Or, et c'est là notre thèse : les corps de ce système sont réellement classés entre eux d'après cette dernière force ou loi, car ils se rangent — suivant nous — entre eux, par degrés décroissants d'opposition *contradictoire*, *contraire* ou seulement *disparate*, comme les attractifs du système solaire se rangent par degrés également décroissants de compatibilité réelle sous forme d'*identité*, de *conformité* ou de simple *similitude*, d'où il résulte que tous ces effets inverses se prêtent au même mode de représentation par les quatre sections coniques. Tenant alors compte de l'importance de ces considérations, on comprendra sans peine la persistance avec laquelle nous portons la discussion sur tant de questions de toute nature, dont nous jugeons l'éclaircissement indispensable à notre but.

Cassagnoles, ce 6 septembre 1880.

TRANSCENDANCE ET VARIABILITÉ

DES

IDÉES RÉELLES

~~~

1. Tout est dans tout, mais autrement. Il suffit, pour s'en convaincre, de remarquer, d'abord que, malgré les plus étroites ou plus larges *ressemblances* des choses, il reste toujours entre elles quelque plus ou moins grande *différence* imaginaire ou réelle, et puis, qu'alors même tout se tient du *principe* à la *fin*, de sorte que, si le principe est dans la fin par son dernier reste — souvenir ou mémorial du passé — la fin est également en germe dans le principe par futurition ou prévision. Tout est donc en tout, à peu près en la manière dont l'*avenir* et le *passé* coexistent

dans le *présent*[1], gros de l'un et de l'autre, mais pourtant distinct des deux; auquel cas il y a cette étrange coïncidence en lui que, sinon dans le même sens, au moins en sens contraire, ces deux extrêmes peuvent être simultanément présents, au moment où le *présent* dépouillé de sens propre n'existe en quelque sorte que dans ou par le fait perpétuel de leur renversement respectif et simultané. Comment ces deux contraires se discernent-ils, alors, de lui-même ou entre eux? Ils se discernent d'abord entre eux par différence radicale ou transcendante de sens; et lui-même se discerne ensuite de l'un et de l'autre, comme reproduisant — mais ne reproduisant qu'en sous-œuvre ou relativement — leur absolue, transcendante et préalable opposition.

Nous admettons donc deux sortes d'êtres : le *transcendant*, objectivement insaisissable, si ce n'est en représentation par l'idée, toujours alors interne ; et le *commun*, toujours plus ou moins

---

[1] Si l'on admet l'intime pénétration des êtres, cette superposition initiale du futur et du passé ne saurait répugner; et de même, inversement, si l'on admet cette dernière vérité, la première doit être comprise du même coup : l'une est donc la clef de l'autre.

objectivement saisissable et figurable. Cette distinction suppose trois sortes d'activités subjectives irréductibles, que nous nommons Sens, Intellect, Esprit. Les deux extrêmes, ou la *sensible* et la *spirituelle*, sont essentiellement transcendantes en principe et de fait en tout temps ; mais la moyenne ou l'*intellectuelle*, appelée par position à ménager incessamment la transition d'une extrême à l'autre, échappe ainsi, tout d'un coup et sans retard ou temps appréciable, à cette même transcendance originaire des deux autres, comme en reproduisant en elle même les deux fonctions absolues isolées sous une forme *relative* ou mixte, ou bien encore impliquant à la fois fond et forme, et par là-même constamment susceptible d'apparition objective, quand ses deux conditions primitives isolées restent éternellement flottantes ou détachées, et conséquemment — malgré leur incontestable réalité primitive — non apparentes au dehors.

Le Sens, agissant seul et premier, est évidemment *créateur* de tout ce qu'il fait ou pose absolument. L'Intellect intervenant aussitôt et reprenant l'œuvre du Sens, — sinon pour l'informer de suite, au moins pour se l'approprier, — en est *porteur*, possesseur ou gardien. De son côté, l'Esprit, témoin de cette prise de possession, en discerne incontinent l'application ou la fin possible, et, comme la signalant avec ses avantages à l'Intellect, il en peut être appelé le *promoteur*. L'Intellect, accédant à sa sollicitation et réalisant la fin entrevue sans avoir le mérite de l'initiative, n'a donc plus que celui d'en être à sa façon le *projecteur*. Le Sens et l'Esprit sont donc éminemment actifs; l'Intellect est actif aussi, mais toujours en sous-œuvre : il profite de ce qui le précède et l'emploie. Cependant, comme il reçoit de deux côtés et qu'il réunit le tout en un, il en fait un composé spécial dans lequel le Sensible se fixe d'une part en la *forme*, et le spirituel se manifeste d'autre part en la plus ou moins transitive conjonction de la *forme* et du *fond* : c'est pourquoi, tant que par hypothèse il maintient l'union de la forme et du fond, il imite le Sens ; mais quand il s'avise d'en disposer à sa guise, il imite l'Esprit, et de cette manière il reproduit et manifeste l'action des deux par combinaison et réflexion.

Transitive, la réunion du *fond* et de la *forme* s'appelle *lumière*; stable, elle s'appelle *corps*. Sachant qu'avant d'être reliés l'un à l'autre par l'Intellect, le Sens et l'Esprit flottent indistinctement dans un vide immense leur donnant l'air d'être bien plus imaginaires que réels, mais que, moyennant l'officieuse intervention de l'Intellect, ils se posent et se fixent ensemble, nous n'avons pas de peine à conclure de là, non-seulement qu'ils habitent *corporellement* en lui, mais encore que, après le ralliement en lui de ces deux puissances, il est bien également, ou le *principe*, ou le *siége* et réceptacle de tout, sans distinction de *transcendant* ou de *commun*, et qu'il n'appartient, par la même raison, qu'à lui de discerner entre ces deux ordres de choses comme par une sorte de glaive à double tranchant, instituant à la fois le surnaturel et le naturel au même moment où, dans sa propre unité personnelle, il en réalise et consacre à jamais l'indissoluble union.

Le rôle universel de l'Intellect étant — d'après ce qui précède — à deux faces et se traduisant toujours d'ailleurs en idées, c'est toujours alors sous la forme d'idées que se révèle à la conscience la distinction entre le *transcendant* et le *commun*, ou le surnaturel et le naturel. Cette distinction s'applique donc aux idées elles-mêmes, qu'il y a lieu de diviser semblablement en *premières* ou *transcendantes*, et *secondes* ou *communes*. Plus passif qu'actif dans les premières et plus actif que passif dans les secondes, l'Intellect fonctionne ainsi, dans le passage des unes aux autres, avec un accroissement plus ou moins distinctement accusé d'activité relative, dont il importe de suivre et de reconnaître la marche. On appelle généralement ce procédé *dialectique*.

2. La *dialectique* est le mouvement rationnel de la pensée par lequel elle se porte (immédiatement ou médiatement, peu importe), d'une idée *première* et présente, à une autre idée *finale* et dérivée, qui nécessairement en diffère alors, mais qui, nécessairement aussi, s'y rattache en principe ; d'où il résulte que, malgré toute sa différence de fait, elle ne peut n'en être point impliquée, contenue, requise, comme inversement elle doit l'impliquer, la contenir ou la reproduire à son tour : double conséquence qui, tout à la fois,

explique et justifie le principe fondamental de notre méthode philosophique concernant l'identité des contraires ou la contrariété des identiques.

La science vulgaire trouve essentiellement répugnant ce principe, et juge par là même absolument inadmissible le procédé, sur lui fondé, d'arriver de l'identique au différent, ou de l'invariable au variable ; mais pourquoi cela, sinon parce qu'elle se figure qu'on y tend à rapprocher et fondre ensemble, à sa manière ou sans moyens *ad hoc*, ces divers termes en état flagrant d'opposition réelle et radicale ?... Effectivement, à prendre les termes d'une contradiction tels qu'ils sont donnés de prime abord, il serait vraiment insensé de vouloir les identifier d'emblée ; leur primitive contrariété l'interdit formellement, et de là vient même qu'on peut et doit les distinguer. Mais, puisqu'ils sont réellement contradictoires, n'est-il pas évident qu'il existe entre eux un énorme hiatus, qu'on ne saurait assurément combler ou faire disparaître en le niant contre toute raison, mais dont on peut au moins profiter pour imaginer en l'Activité radicale, — outre un premier revirement d'exercice $= 90°$, par lequel elle institue librement le passage (comme de contraire à contraire) du premier terme au second, — un immédiat revirement postérieur inverse, mais encore = 90°, capable de rétablir la superposition ou l'identité primitive momentanément suspendue? Sans doute, l'Intellect froid, impassible, *inerte*, ne peut être l'auteur de ce nouveau revirement; mais l'Intellect *vivant* ou personnel en est certainement capable. Car, au lieu que l'Intellect froid, impassible, inerte, ressemble à l'homme dépourvu de toute imagination qui se contente de représenter ce qu'il représente à l'instar d'une cire molle empreinte de formes venues d'ailleurs, l'Intellect vivant ou personnel, réagissant sur les formes en même temps qu'il les reçoit, traduit, par exemple, le mouvement longitudinal en transversal, ou bien encore convertit le mouvement rectiligne en curviligne, etc.; et de cette manière imaginatif ou producteur de constructions et d'organisations faites à son image, il prouve que, autant il est apte à recevoir l'action d'autrui dans une première dimension, autant dans une seconde il peut rendre de points à l'agresseur.

On pourrait maintenant, il est vrai, vouloir traiter d'hypothèse cette idée du *revirement* de l'Activité tournant sur son axe d'accroissement, en son passage ou dans l'intervalle d'un terme extrême à l'autre, mais il serait bien impossible de maintenir ce faux prétexte devant les *faits* et la *raison*, qui militent ouvertement ici pour nous. Parmi les faits que nous pourrions citer à l'appui, nous en indiquerons deux aussi frappants que naturels, à savoir : les tendances dextrogyre ou lévogyre observées dans les cristaux de quartz allongés en prismes à six pans de la base au sommet, et les enroulements en spirale ascendante des feuilles d'arbre éparpillées autour des branches ou tiges, du collet à la cime. Ces exemples, empruntés à la nature prise en quelque sorte sur le fait, démontrent évidemment que, en elle, au mouvement longitudinal par lequel elle se porte en avant, il s'en adjoint généralement un autre indirect ou transversal par lequel elle se pousse angulairement vers les côtés au fur et à mesure de ses accroissements, et qu'ainsi notre idée de *revirement* après ou sur *allongement* n'est point seulement expérimentalement certaine, mais doit encore se compléter en regardant le système entier de la végétation comme chargé d'opérer visiblement la transition (souvent occulte) ralliant le *principe* réel de toutes les œuvres naturelles à leurs *fins* réelles; le principe réel étant, là, représenté par les semences des végétaux, et la fin réelle l'étant par leurs fruits.

Après les faits patents dont nous venons de parler, nous invoquerons à l'appui de notre manière de voir une raison péremptoire. Toute Activité réelle, même *linéairement* appliquée, suppose un mode concomitant d'application *plan* ou *solide*. Concevrait-on, en effet, le développement linéaire présupposé sans quelque point, soit de départ faisant fonction de *foyer*, soit d'arrivée faisant fonction de *centre?* Certainement non. Or, si l'on suppose le même exercice évolutif seulement déterminé du dehors, il peut bien, au cas d'un seul stimulant externe, être et rester linéaire; mais s'il est au contraire, comme dans le cas de la végétation, déterminé du dedans, il n'a pas de raison de se porter à son entour plutôt dans une direction que dans une autre; il doit donc, une fois mis en jeu, diverger indifféremment en tout sens, à la manière des différents rayons d'un cercle ou d'une sphère, ou mieux du rayon vecteur en reproduisant l'ensemble, et par conséquent s'étaler à la fois suivant les trois dimensions de l'espace. Mais alors, étant à la fois linéaire, plan et solide, il tourne bien (équivalemment au moins) du longitudinal au transversal, ainsi que du longitudinal et du transversal, présupposés horizontaux, au vertical. Donc, toute activité réelle ne s'exerce jamais dans une direction déterminée sans impliquer au moins en principe sa propre rotation en tous sens.

3. Ayant une fois acquis l'idée d'une Activité décrivant ou parcourant, en sa transition d'un terme extrême à l'autre, les trois dimensions de l'espace, nous sommes naturellement amené à rechercher avec quelle amplitude elle s'y développe ; et pour cela nous porterons actuellement notre attention sur les deux idées d'*infini* et de *fini*, qu'on peut prendre en deux sens bien différents, en se plaçant au double point de vue *positif* ou *négatif*. On prend, par exemple, l'idée de *fini* positivement quand on en fait un syno-

nyme de *complet* ou d'achevé, comme renfermant en soi tout le possible; on la prend au contraire négativement quand on en fait un synonyme d'*incomplet* ou d'inachevé par ce qu'on suppose non atteint par elle et lui faire par conséquent défaut. Il en est de même à l'égard de l'infini. Certains caractères des êtres sont *restrictifs*, et certains autres *ampliatifs*. Moins, alors, un être est exempt de caractères restrictifs, moins il est élevé dans la série des puissances; plus il offre au contraire de caractères ampliatifs, plus il s'étend et domine dans leurs ensembles : passant à la limite dans les deux cas, on trouve donc qu'il est infini dans le premier, comme par accumulation de négatif sur négatif, et dans le second, par accumulation de positif sur positif. Mais, cette fois, les deux infinis ainsi diversement obtenus se raccordent; car, malgré que le premier tienne plus de l'imaginaire que du réel, et le second plus du réel que de l'imaginaire, ils peuvent très-bien convenir au même sujet comme *imaginairement* et *réellement* infini tout ensemble.

L'Activité réelle est maintenant susceptible, en

principe, de ces deux aspects, parce que originairement, à la fois, elle ne laisse *rien en dehors* et comprend *tout en dedans* d'elle-même ; et par conséquent, comme objectif intellectuel, elle est bien l'*idée réelle* par excellence. Par quel nom éminemment caractéristique ou distinctif convient-il alors de la désigner, aussi généralement envisagée ? Les matérialistes en proposent un, celui de *matière* ; les spiritualistes en proposent un autre, celui d'*esprit*. Nous rejetons l'expression des matérialistes comme insuffisante et fausse, et celle des spiritualistes comme au moins insuffisante.

Personne, sans exception même des matérialistes, n'attribue radicalement à la *matière* les caractères qui peuvent ultérieurement s'y rattacher par *degrés*. Ainsi, nul ne soupçonne dans la matière *brute* les propriétés de la matière *cristallisée* ; — dans la matière cristallisée, les propriétés de la matière *organique* ; — dans la matière organique, les propriétés de la matière *sensible*, etc. Si donc la matière est la seule réalité fondamentale, pour en obtenir les propriétés d'ordre supérieur que nous venons d'énumérer, il est indispensable de recourir au mouvement; mais le mouvement en lui-même est une pure *représentation subjective* complètement dépourvue d'*être objectif*; et, sans aller jusqu'à prétendre qu'il ne puisse être le moyen de rien, nous pouvons alors très-bien soutenir qu'il peut seulement intervenir comme *variation* transmise ou transmissible de *sujet* à *sujet*, puisque le caractère subjectif interne en est la seule raison d'être. Effectivement, personne encore n'admet ni n'admettra jamais que le mouvement d'une chose quelconque lui communique, par le seul fait de son déplacement, des qualités qu'elle n'a pas. Ainsi, le fer qui voyage n'est pas converti en or et reste fer; l'air qui circule, reste l'air, etc. De même, un cristal reste cristal et ne devient, par le seul fait de son déplacement, ni végétal ni animal. Voyant alors certains effets se produire en la matière diversement mue, secouée, vibrante, et ne pouvant attribuer ces effets variés à son seul déplacement, on est forcé d'admettre en elle, comme siège ou résidence de force, des activités *déployées* ou *concentrées*, dont la concentration ou l'expansion sont la seule cause réelle des phénomènes apparents. A la notion de *matière* inerte ou brute, il faut donc nécessairement joindre la notion inverse de *force* active, si l'on veut s'expliquer les effets observés ; et, joignant ces deux notions, nous ne croirons point avoir trouvé la première *idée réelle* de l'être, nous croirons seulement avoir mis à jour l'énorme erreur des matérialistes, assez insensés ou présomptueux pour se flatter de pouvoir ériger en *principe réel* du devenir ce qui précisément n'en est que le plus bas étage ou le dernier terme infiniment plus imaginaire que réel en lui-même.

Nous venons de dire la *matière* un objet plus imaginaire que réel en soi, voulant marquer en cela que nous ne lui dénions point toute réalité, mais prétendons seulement la réduire au plus bas degré d'être, l'*inertie*. Sous ce rapport, elle contraste diamétralement avec l'*esprit*, qui est la variation même ou l'infinie variation, non en ce sens qu'il n'est jamais identique à lui-même, mais en ce sens que, une fois nanti de certaines déterminations *subjectives* invariables ou du moins très-peu variables, il comporte au dehors, entre leurs positions *objectives* comparées, tous les degrés possibles de la variation. *Objectivement* variable à l'infini dans le fond sensible où la forme apparente, il est *subjectivement* le principe de tous les changements de la matière, qui lui est ainsi radicalement subordonnée; mais comme il n'exclut point de son propre sein toute variation, même subjective, provenant alors de la réaction de ses états internes les uns sur les autres, et par là même jouant, à leur tour, les rôles respectifs de *matière* et d'*esprit*, il y a lieu d'introduire dès ce moment entre eux de nouveaux caractères pour les différencier ; et ces nouveaux caractères sont alors ceux, — en cas d'activité, de *principe* ; — en cas de passivité, de *fin* ; — en cas d'action et de passion mélangées et combinées, de *moyen*. L'activité subjective jouant l'un de ces rôles est une *personnalité*. Mais deux activités *personnelles* dont *chacune* déverse son action en l'autre alors passive à son égard, sont par là même, en soi, *plutôt* actives que passives, et se comportent sous ce rapport comme des activités *initiales* ou *finales* internes, déterminant tous les phénomènes de la matière sans mouvements apparents distincts ; au contraire, l'activité *moyenne* qui leur fait face, comme *plutôt* passive qu'active et se bornant alors à traduire au dehors par des mouvements externes l'extension ou l'intensité de sa passion interne, est la vraie cause *mouvante* ou *formelle* (§ 1), différant de la matière comme on conçoit qu'une *variation* donnée diffère d'une *tenue* pareillement donnée. Cependant, quoique différant — par ses effets — des deux activités personnelles précédentes, cette même activité *moyenne* n'a pas moins de droits qu'elles à revendiquer leur note commune et préalable de *personnalité*. Donc cette note est bien à la fois la première et la plus haute expression de l'être ou l'*idée réelle* primitive, ne laissant *rien hors d'elle-même* d'une part, et contenant *en elle-même*, d'autre part, *tout le possible*.

4. Le caractère commun ou générique des trois personnalités sensible, intellectuelle et spirituelle est la *conscience;* les trois caractères différentiels respectifs sont ceux de *principe*, de *fin* et de *moyen*, au for interne, et de *principe*,

de *moyen* et de *fin*, au for externe ; l'objectif spécial de *chacune* est d'ailleurs constitué par l'ensemble des *deux autres* sous forme de produit ou de rapport. Ainsi, pour figurer la première d'entre elles, on peut adopter la formule $E = VT$, et, pour figurer la seconde et la troisième, se servir des formules $T = \frac{E}{V}$, $V = \frac{E}{T}$.

Soit $E = 1$. On peut alors avoir, par spéciale détermination de la première formule $E = VT$, l'expression $1 = \frac{1}{1} \times \frac{1}{1}$, ou bien encore $1 = \frac{1^3}{1} \times \frac{1}{1^3} = \frac{1^3}{1^3}$; auquel cas 1 représente l'Unité personnelle, $\frac{1}{1}$ ou $\frac{1^3}{1}$, son extension, et $\frac{1}{1}$ ou $\frac{1}{1^3}$, son intensité.

1^3 renferme explicitement ou implicitement les trois valeurs distinctes : 1^3, 1^2 et 1^1, figures de tous cubes, carrés ou facteurs simples : on peut donc voir encore en toute personnalité subjective existant sous forme cubique, outre l'objective réalisation de sa propre forme dominante, la secrète présence des formes inférieures, et par conséquent tous les degrés de la puissance réelle externe.

Toute personnalité réunit donc en elle-même, *explicitement* ou *implicitement* :

1° Les trois *degrés* de la puissance *subjective*, sous la forme 1^3 ;

2° Les trois *modes* dispersés d'existence *subjective*, sous les formes $\frac{1^3}{1}$, $\frac{1}{1^3}$, 1 ;

3° Les trois *degrés* de la puissance *objective*, 1^3, 1^2, 1^1.

Plus brièvement encore, toute personnalité réunit *explicitement* ou *implicitement* en soi tout le possible.

5. On peut parfaitement comprendre maintenant l'énorme différence qui règne entre la doctrine matérialiste et la nôtre. Le matérialiste doit importer dans la matière, et sans savoir d'où le tirer, ce qui n'est pas en elle. Nous l'avons, nous, soit tout éclos, soit tout près d'éclore, au sein de l'Activité réelle et radicale explicitement ou implicitement grosse de tout. Mais autre chose est l'y reconnaitre seulement (comme tout à l'heure) en gros et confusément, autre chose l'en tirer ou déduire avec clarté, conséquence et rationalité. Cette dernière tâche est assurément assez ardue ; nous la présumons néanmoins réalisable, et c'est

à la bien remplir que nous allons apporter tous nos soins.

Pour concevoir clairement le démêlement successif et régulier des *positions*, des *formes* ou des *esprits* de toute sorte originairement renfermés en bloc au sein de l'Activité radicale, il importe de se faire auparavant une idée nette de ses trois personnalités *subjectives* internes; mais encore, pour acquérir cette idée nette des mêmes personnalités, faut-il en savoir discerner la triple manière d'être *objective* toute différente. Ici, nous semblons donc tourner dans un cercle; mais cela ne doit pas surprendre, puisque, par le principe de l'identité de l'imaginaire et du réel, nous sommes préparés d'avance à cette réversion d'aspects. Envisageons donc d'abord un *objet* quelconque : cet objet peut tomber immédiatement, ou sous le Sens par ses qualités *physiques*, ou sous l'Intellect par ses propriétés *formelles*, ou sous l'Esprit par ses attributs *moraux*; et nulle de ces trois manières de l'envisager n'a rien de commun avec les deux autres. Ainsi, par lui-même le Sens intensif n'a ni forme intellectuelle ni valeur morale; de même, une grandeur prise au point de vue spécial de l'Intellect, tant qu'on ne sort pas de ce point de vue, ne dit rien au Sens ni à l'Esprit ; enfin, la bienveillance, vertu morale par excellence, est un acte essentiellement spirituel, où l'Intellect ne trouve pas plus matière à représentation que le Sens à perception. Puisque ces trois sortes de considérations prennent cependant pied dans le même *objet*, elles y sont donc seulement superposées sans fusion réelle, et pour lors la personnalité qui s'en occupe peut bien les saisir toutes ; mais, principalement *sensible*, elle ne fera point de cas, sous ce rapport, des intellectuelles et des morales, qui ne l'intéressent point ; principalement *intellectuelle* ou *morale*, elle ne fera pas davantage cas des sensibles et des morales, ou des intellectuelles et des sensibles. Ce n'est pas que, *sensible*, elle ignore tout à fait les intellectuelles et les morales, ni que, *intellectuelle*, elle ignore de même complétement les morales et les sensibles, ni que, *spirituelle*, etc..., mais, sans ignorer pour cela tout à fait ce qui ne la concerne point directement, nulle d'elles ne s'en émeut de prime abord ; elle l'envisage donc seulement, comme de dehors, avec une complète indifférence et le relègue ainsi dans la région des imaginaires, où résident généralement toutes les choses incapables d'exercer la moindre influence actuelle sur la conscience. A proprement parler, chacune d'elles n'est donc immédiatement affectée que de ce qui lui est homogène, c'est-à-dire de ce qui, dans l'objectif, répond en elle au subjectif, ou permet l'identification des deux; mais, par la même raison, le disparate, qui ne se prête point à cette identification, elle le repousse de soi spontanément; et de cette manière il se forme en elle un monde intérieur peuplé de réalités *affectives* entremêlées ou circonvenues d'imaginarités *adventives*, tenues pour ainsi dire en l'air, et passant ou repassant sous ses yeux en guise de fantômes sujets à tous les caprices du temps.

6. Il ne faudrait point conclure de ce qui précède que les personnalités radicales, rejetant dans l'imaginaire tous les aspects de la Réalité qui ne leur sont point corrélatifs, excluent par là même aussi de soi les qualités qui ne sauraient leur convenir en propre (d'où il résulterait, par

exemple, que la personnalité spécialement sensible ne serait ni rationnelle ni morale, etc.), mais seulement qu'elles possèdent alors implicitement, comme à titre d'emprunt ou de don, ces qualités radicalement disparates aux leurs. Au contraire, de ce que, comme nous le disions tout à l'heure, l'imaginarité se règle généralement sur la disparité, nous pouvons et devons immédiatement conclure que les degrés mêmes de la *disparité* doivent se reproduire ou se retrouver dans ceux de l'*imaginarité, qui deviennent ainsi facilement assignables.*

En effet, puisqu'il y a trois personnalités réelles irréductibles, il y a manifestement trois choses disparates ou trois disparités irréductibles encore. Mais ces trois disparités-là, toutes radicales, sont essentiellement *subjectives. Objectivement*, on les pourrait réduire à deux, qui sont : pour la *sensible*, l'intellectuelle et la morale ; — pour l'*intellectuelle*, la morale et la sensible ; — pour la *morale*, la sensible et l'intellectuelle ; et dans cette disparité, purement *objective* cette fois, il nous est loisible d'assigner des degrés, car le sensible, par exemple, est moins disparate à l'intellectuel qu'au moral, et réciproquement le moral est moins disparate à l'intellectuel qu'au sensible. De son côté, l'intellectuel a deux faces, et semble, par l'une, tenir plus du moral que du sensible; — par l'autre, tenir plus du sensible que du moral. Il y a donc plusieurs sortes ou degrés de disparité.

Sans prétendre dénier tous autres caractères différentiels de disparité que les suivants, — classant les disparités par *degrés*, nous les qualifierons d'*imaginaires*, d'*irrationnelles* et de *négatives*. Les disparités que nous nommons *imaginaires* sont bien d'abord aussi *réelles*, car elles sont identiques aux trois *subjectives* et radicales mentionnées tout à l'heure; mais comme, *objectivement* ou *matériellement* envisagées, elles n'intéressent ni la raison ni la morale, et deviennent sous ce rapport indifférentes (telle est l'*attraction* reliant solidement ensemble tous les corps du système solaire), nous les rangeons (toujours sous le même rapport, bien entendu) parmi les imaginaires. Les disparités que nous nommons *irrationnelles* peuvent de nouveau, comme toutes les composantes mécaniques, n'en être pas moins intrinsèquement ou subjectivement *rationnelles*; mais, comme de leur opposition il résulte toujours aux yeux de l'Intellect un certain rapport, et que ce rapport est alors constamment — ainsi que toutes les diagonales — dénué de toute commune mesure avec les composantes, nous rangeons au nombre des *irrationalités* les tendances généralement *répulsives* engendrées par leur rencontre ou conflit (telle est la *répulsion* séparant radicalement l'un de l'autre les deux systèmes limitrophes solaire et stellaire). Enfin, rien n'est manifestement plus *positif* que tous éléments (=racines) des puissances réelles; mais quand de pareilles puissances viennent à concourir en sens contraire ou s'opposent par leur fin, il est évident qu'elles constituent des incompatibilités absolues et radicales, ou bien sont et se montrent essentiellement *négatives* entre elles (telles sont *l'attraction* et la *répulsion, habituellement nulles,* dans les cristaux à molécules reliées entre elles par simple *adhésion* accidentelle externe). En dernière analyse, donc, les disparités *imaginaires* laissent les êtres *indifférents* à leur égard, et par conséquent toutes celles qui les laissent de cette sorte indifférents, doivent être dites imaginaires. Au contraire, les disparités *irrationnelles* se traduisent toujours par des tendances répulsives, à l'instar, par exemple, des courants électriques rectangulairement dirigés en sens contraire; et par conséquent, s'il en est qui manifestent de semblables mouvements d'écart, elles sont sûrement entachées d'irrationalité. Supposons-nous, enfin, les disparités objectives à la fois saisies de tendances attractives et répulsives contraires et par là même incapables de jamais aboutir : elles sont et se démontrent à la fois essentiellement *négatives* entre elles. Les disparités se divisent donc, comme nous l'avons dit, en trois classes, ou bien sont respectivement *imaginaires*, *irrationnelles* et *négatives*.

Les disparités objectives *finales* sont les plus remarquables ; car, institutrices d'incompatibilités absolues, elles sont toujours accompagnées ou suivies des plus graves et plus saillants résultats, tels que dans l'ordre sensible la *mort*, dans l'ordre intellectuel l'*absurdité*, dans l'ordre moral l'*aversion*.

7. Après cela, la correspondance entre les *disparités* et les *imaginarités* peut se démontrer aisément. Il est clair que, dans le mouvement ascendant de *positif* à *rationnel*, et de *rationnel* à *réel*, l'intensité décroît et l'extension croît sans cesse, car le *rationnel* est relativement chose moins intensive et plus extensive que le pur *positif*, etc. Mais, par la même raison, quoique inversement, le retour d'*imaginaire* à *irrationnel*, et d'*irrationnel* à *négatif* se fait avec constante aggravation de l'Imaginaire primitif, car l'*Imaginaire* pur et simple n'offre en aucune manière le caractère hostile à toute idée d'ensemble, soit formel, soit réel, qu'on rencontre dans l'*irrationnel* et le *négatif*. Donc, en même temps que l'irrationnel est de l'*imaginaire* accru d'un degré, le *négatif* est de l'imaginaire au suprême degré ; c'est pourquoi les imaginarités se développent bien comme les disparités elles-mêmes.

Confrontons maintenant les deux séries, et superposons-en les termes deux à deux : nous aurons des groupes tels que

$$\left\{\begin{array}{l}\textit{imaginaire}\\ \textit{réel}\end{array}\right. \quad \left\{\begin{array}{l}\textit{irrationnel}\\ \textit{rationnel}\end{array}\right. \quad \left\{\begin{array}{l}\textit{négatif}\\ \textit{positif}\end{array}\right.$$

dont tous les termes iront en s'aggravant, comme il a été dit, de gauche à droite. Et dans le premier groupe conçu dans le système ternaire, pour *un* imaginaire, nous aurons *trois* réels (v. g., les trois personnalités divines). Dans le second groupe binairement construit, pour *un* irrationnel à l'état de résultante, nous aurons *deux* rationnels à l'état de composantes (v. g. toutes positions conjuguées). Enfin, le troisième groupe (sinon pour la forme au moins pour le fond), essentiellement unitaire, se composera de l'*un* abstrait ou négatif en face *du* positif quelconque, sauf le degré de la puissance toujours réduite au premier (v. g. toute individualité de l'ordre physique). Et les trois groupes ainsi déterminés seront alors les suivants :

$$\alpha) \begin{cases} 1 \textit{ imaginaire} \\ 3 \,(1^s) \textit{ réels} \end{cases} \beta) \begin{cases} 1 \textit{ irrationnel} \\ 2 \,(1^s) \textit{rationnels} \end{cases} \gamma) \begin{cases} -1 \textit{ négatif} \\ +1 \textit{ positif} \end{cases}$$

A l'inspection de cette série de groupes, une réflexion vient s'offrir d'elle-même à la pensée : c'est que tous leurs termes supérieurs sont par eux-mêmes latents, et que les inférieurs seuls peuvent immédiatement apparaître ou tomber sous le Sens externe. Est-ce que, en effet, sans un certain effort ou travail de l'Intellect et de l'Esprit, on aurait la moindre notion de l'*imaginaire*, de l'*irrationnel* et du *négatif?* Assurément non. Il faut toujours, pour les acquérir, user d'abstraction, œuvre d'intelligence, et, pour les retenir, faire acte d'application, chose à laquelle l'Esprit ne peut être ou rester étranger. Ces notions font donc, au moins de prime abord, exclusivement partie du monde interne. Au contraire, quoique à divers degrés, tous les termes inférieurs des mêmes groupes apparaissent sensibles : ainsi, la perception immédiate de la chaleur ou de la lumière physiques est incontestable ; on a de même la perception actuelle immédiate des relations formelles masculine et féminine ; et les rôles ternaires réels de père, de mère et d'enfant ne sont ignorés de personne ayant l'usage de ses sens. C'est donc à l'aide de ces dernières notions respectivement concrètes qu'on arrive à la représentation des précédentes abstraites. Mais, comme nous venons de le dire, les mêmes notions concrètes ne sont pas toutes de même ordre ou ne s'acquièrent point de la même manière ni par les mêmes procédés; et c'est alors ce point capital qu'il s'agit désormais pour nous de mettre à jour.

8. On pourrait, ce nous semble, admettre trois manières de penser : l'une portant l'immanence dans la variation, l'autre portant la variation dans l'immanence, et le troisième instituant les principes ou les termes mêmes d'immanence et de variation par un acte qui les résumerait et les poserait à la fois, sous forme de *série* d'abord et d'*ensemble* ensuite. Toutefois, l'ordre indiqué dans ces définitions n'est point l'ordre rationnel, d'après lequel l'action de poser doit passer la première, pour être immédiatement suivie de celle de distribuer en série, chargée de préparer, à son tour, les voies à l'art de composer les ensembles ; mais actuellement notre but n'est point d'examiner la question de préséance entre les deux ordres de *fait* ou de *raison*, et nous avons seulement à mettre en évidence les principes mêmes de toutes ces opérations, c'est-à-dire de position, d'immanence ou de variation. Ces trois principes ne sont point originairement autres que les trois puissances ou personnalités radicales nommées Sens, Intellect, Esprit.

Nous savons déjà que, nécessairement coexistantes en tout temps, elles constituent par elles-mêmes et seules, c'est-à-dire sans qu'elles aient besoin pour cela de faire la moindre action, un système *ternaire* conforme au premier groupe α) du § 7. Veulent-elles alors se combiner en système *binaire* et former des couples construits sur le second type β) du même paragraphe : elles le peuvent parfaitement, mais elles doivent pour cela faire un choix et déterminer, chacune, celle des deux autres à laquelle elles entendent se combiner de préférence ; ce second système est donc, au moins rationnellement, postérieur au précédent. Construisant le système binaire, elles instituent évidemment du même coup, par l'exclusion de la *tierce* puissance, le système *unitaire* ; mais, sans cela, pourrait-on trouver une origine actuelle à ce dernier système ? Nullement, puisque l'idée de système implique corrélation et qu'il n'y a rien de tel dans le simple fait d'existences individuelles distinctes. Le système *unitaire*, se fondant donc par expresse exclusion des deux systèmes *ternaire* et *binaire* précédents, se place de lui-même à leur suite ou parait nécessairement le dernier. Si maintenant le système ternaire précède nécessairement de fait le binaire, comme le binaire l'unitaire, il n'est point possible de préposer jamais de fait, *en principe*, l'unitaire au binaire, ni le binaire au ternaire; cependant il ne sera point par là même impossible de préposer toujours *en raison*, sinon *de fait*, le système de moindre exposant au système d'exposant supérieur; il ne sera pas même impossible de l'y préposer *de fait*, pourvu qu'on se restreigne dans la considération des faits *accidentels* et n'entende point remonter à la première origine des choses. Telle est donc ici la distinction importante à faire et à retenir. Dans la *première origine* des choses, où le nécessaire fait la loi, les trois couples consécutifs α), β), γ), se rangent constamment dans ce même ordre, qui est irrenversable au moins de fait, sinon en raison. Une fois considérés en dehors de la première origine des choses, les mêmes couples peuvent se ranger indifféremment (suivant les circonstances) en sens direct ou rétrograde, ainsi que se prêter avec la même aisance à tout essai de multiplication et de division, ou d'immanence et de variation. De ce que l'Activité nécessaire se modifie régulièrement par le passage du système ternaire au binaire, et du binaire à l'unitaire, sera-ce une raison de regarder le système précurseur comme annulé par le suivant, qui s'y substitue en apparence? Non, certes : jamais le système *nécessairement* précurseur ne peut s'annuler réellement pour faire place à celui qui le suit ; il se voile ou s'imaginarise seulement devant lui. Qu'on veuille bien ici porter les yeux sur le groupe β), successeur apparent du groupe α), et l'on y verra sous la forme d'*irrationnel* la troisième puissance (Esprit) exclue du couple rationnel (Intellect et Sens) lui faisant face, suffire pourtant à tenir, seule, tête à leur coalition, et lui servir même (au besoin) d'introductrice sous un aspect, ou de résultante sous un autre. Car, quand un pareil couple survient, l'unité d'où il dérive n'est plus, sinon dans le passé ; de même, sa résultante infaillible n'est point encore, sinon dans l'avenir ; passée ou future, par conséquent, ou bien non actuelle comme le sont alors les termes du couple, l'activité moyenne entre les deux est forcément, à leur égard, imaginaire ;

mais, imaginaire en apparence, elle ne laisse point d'être sourdement ou secrètement efficace et ne s'annule donc jamais entièrement. Il en est de même quand on passe du système binaire à l'unitaire : alors le système binaire, précurseur de l'unitaire, se voile ou s'imaginarise encore devant lui, mais sans cesser d'influer de près ou de loin sur lui, sauf que ce dernier ne veuille ou doive bientôt aboutir lui-même à l'imaginarité la plus complète, comme le prouve la théorie des deux mouvements parabolique et hyperbolique, chez lesquels la prompte occultation ou disparition absolue du couple rationnel simule ou réalise même à bref délai l'intrinsèque nullité de l'imaginaire.

9. Nous avons déjà dit (§ 7) que, en se portant de gauche à droite dans la série des groupes d'*imaginaire* et de *réel*, on doit voir ces deux manières d'être ou d'agir s'aggraver toutes les deux ; mais, puisque ces deux manières d'être ou d'agir sont inverses, leur aggravation doit naturellement se prendre encore en sens inverse ou bien en ce sens qu'alors, tandis que l'imagi-

naire croît ou se fortifie, le réel décroît et s'affaiblit réellement, malgré qu'en apparence ou pour le dehors il semble se développer et progresser autant que l'imaginaire. De plus, puisque l'imaginaire manque objectivement de réalité, nous ne saurions, absolument parlant, lui prêter la même association d'*apparent* progrès à *vrai* regrès ; néanmoins, comme il est jusqu'à un certain point image du réel, il ne laisse pas d'offrir quelque teinte de la même opposition, et nous examinerons en conséquence comment ils semblent, l'un et l'autre, perdre ou gagner dans leur variation.

Portons d'abord notre attention sur le premier groupe α) d'imaginaire et de réel. L'*imaginaire* est là tout un ou simple, et le *réel* est, au contraire, absolument aussi bien que relativement triple ; mais, complétement superposable sous ses trois faces, il revêt sous toutes la même imaginarité qui lui sert de siége, et qui remplit par là même les deux rôles formels de *centre* et de *foyer*. Par cette superposition de centre et de foyer, l'Imaginaire se simplifie infiniment ; mais le Réel, au lieu de se voir réduit à n'apparaître que simple, en prend occasion d'acquérir un développement immense en extension et en intensité ; c'est pourquoi dans cet état il réunit les deux attributs diamétralement opposés d'*un* et d'*universel*.

Du premier groupe construit dans le système ternaire, α), passons maintenant au second groupe construit dans le système binaire, β). La puissance actuellement échue (par hypothèse) avec accroissement, à l'Imaginaire dit cette fois *irrationnel*, ne peut, — moyennant apparente modification de l'état précédent α), s'accentuer en plus, par exemple en intensité, promptitude ou vitesse, qu'en se restreignant inversement en extension, grandeur ou force, et, par la même raison, la puissance échue cette fois au *couple rationnel* ne peut varier inversement, en plus ou moins, que d'un proportionnel accroissement en extension, grandeur ou force, et décroissement en intensité, promptitude ou vitesse. D'abord, l'Imaginaire devenant l'*irrationnel* gagne évidemment en virtualité ; le *couple rationnel* conjoint gagne ouvertement en extension, et, pour trouver alors comment ils perdent néanmoins chacun simultanément autant qu'ils gagnent, à savoir : le premier par diminution d'extension, et le second par diminution d'intensité, nous devons revenir vers l'état précédent modifié sur ce plan. Cet état précédent était, pour l'Imaginaire d'alors, l'accumulation des deux rôles *central* et *focal*, et pour le Réel d'alors la réunion des deux indices *un* et *universel*. Disloquons actuellement ces deux rôles et ces deux indices, et transmettons à l'*irrationnel* le rôle de *centre*, réservant celui de *foyer* pour le *couple rationnel* ; transmettons de même au *couple rationnel* le seul indice d'*universalité*, réservant celui d'*unité* pour l'*irrationnel* : nous aurons, en valeur *absolue*, les deux nouveaux états entièrement identiques aux deux précédents, mais en valeur *relative* il n'en sera plus de même, par suite du transport ou de l'échange de rôles et d'indices que nous venons de signaler et dont il est aisé d'ailleurs de se rendre compte. Car on conçoit très-bien, par exemple, que, en deux termes conjugués tels que ceux du *couple rationnel*, la centralité ne peut être qu'une, quand la focalité séparément attribuable à chacun d'eux peut être double. Alors, la centralité commune aux deux devient naturellement le partage de l'*irrationnel* aussi commun, et la focalité se fixe de leur côté par redoublement numérique. L'imaginaire et le réel vont donc constamment en se renforçant et se restreignant tout à la fois, de groupe à groupe d'abord, et de terme à terme ensuite.

Mais le système binaire n'est ni le plus haut degré de renforcement de l'*imaginaire*, ni le plus bas degré d'abaissement du *réel*. Car on conçoit très-bien de nouveau que, d'une part, au rôle passif du *centre formel* atteint en l'*irrationnalité*, s'adjoigne désormais le rôle figuré de *foyer imaginaire* encore possible, et que, d'autre part, le rôle de vrai *foyer* attribuable à chaque terme du *couple rationnel* dégénère en celui de simple *facteur* auxiliaire, abstrait, recevant d'ailleurs la direction ou le sens de son agir ; et ce concours de circonstances s'offre justement dans le cas du système unitaire ou du troisième groupe γ). Là, le *négatif*, quoique bien nul en principe à titre de simple négation, ne laisse point d'affecter les allures du *positif* et de se donner même comme son équivalent par la simple transformation de $+$ en $-$. Et, d'ailleurs, d'où vient aux facteurs, tant positifs que négatifs, leur actuelle énergie, sinon du dehors, où résident, soit leurs foyers inspirateurs, soit leurs centres de ralliement plus éloignés encore ? Des activités seulement positives ou négatives ne se suffisent jamais à elles-mêmes, mais ont besoin d'un souffle étranger pour s'exciter et se réunir, tant soit peu d'ordre et de tenue qu'elles veuillent mettre dans leur fonctionnement ; elles sont donc bien comme immédiatement déchues de l'état *rationnel* supérieur en l'état élémentaire *physique* ou matériel. Il est vrai que, même ainsi dégradées, elles retiennent une certaine auréole de puissance *absolue* ; mais cette auréole de puissance chétive s'arrête bientôt devant les barrières très-rapprochées de son expansion hyperbolique, et dans son plus grand éclat elle a tout au plus la signification d'une puissance réduite à son dernier reste et prête à s'évanouir.

Chez les suprêmes personnalités du système ternaire (groupe α), l'auréole de puissance remplit l'espace infini ; et c'est là l'état ou l'être *divin*.

Chez les moyennes personnalités du système binaire (groupe β), elle occupe encore un espace indéfini, figurable par l'incompréhensible étendue des organisations végétales d'étoiles réunies en vraies constellations ; et c'est là l'état ou l'être *angélique*. Chez les infimes personnalités du système unitaire (groupe γ), elle est représentée par l'espace fini, relativement très-réduit, mais pourtant bien considérable encore, qu'occupe le système solaire dans le plan entier de l'univers ; et ce dernier mode d'existence correspond alors à l'état ou l'être *humain*. Ces assimilations ou plutôt ces identifications d'*imaginaire* et de *réel*, ou d'*espace* et d'*être*, ne sont point généralement comprises ; mais ce n'est pas leur faute. La plupart des hommes glissent sur les vérités les plus apparentes, et n'en tirent dès-lors aucun profit.

10. Ces derniers résultats étaient le but où nous visions depuis longtemps : nous voulions arriver à dégager les êtres réels ou personnels de tout entourage, ou bien à les montrer seulement circonvenus d'une auréole éminemment

caractéristique, et qui les fit connaître tels qu'ils sont. Complétons maintenant le tableau.

Les personnalités d'*ordre supérieur* (divin) sont incomparables, un monde à part, et n'ont rien de commun — sauf elles-mêmes une fois imaginarisées — avec les personnalités *moyennes* (angéliques) et *rudimentaires* (humaines). Ce n'est pas qu'elles ne les impliquent imaginairement à leur tour ; mais elles sont loin d'en offrir en soi les traits réels et bien déterminés, ou, pour mieux dire, les différences spécifiques. Car, considérées en elles-mêmes, ces différences spécifiques joignent, à leurs qualités apparentes incontestables, des défauts proportionnels qui les rendent très-dangereuses ou funestes ; et, pour ne point hériter alors de ces défauts, les personnalités supérieures s'abstiennent aussi d'en prendre les qualités (v. g., de masse, de volume ou de forme), radicalement étrangères à leur propre essence interne, toute *spirituelle* alors. Rien donc, dans le ressort des personnalités supérieures, n'apparaît entre elles pour faire la transition de l'une à l'autre, car chacune d'elles existe sans qu'on puisse dire où elle n'est pas, puisqu'elle est partout, ni où elle est, puisqu'elle n'apparaît nulle part. Ce n'est pas qu'on ne puisse s'en former *rationnellement* une *notion*, et *métaphoriquement* une *image* fidèle ; mais, comme jamais on ne peut, malgré cela, la voir des yeux ni la toucher du doigt, elle reste, sous ce rapport, exclusivement objectif, obscure ou latente. Ainsi, sa lumière est, comme dit l'Écriture, une nuit, ou sa nuit même est lumière. L'Esprit est ainsi fait : il apparaît et n'apparaît point. On peut trouver ce langage mystérieux et le juger incompréhensible, étrange ; et cependant rien n'est, d'un autre côté, plus naturel, plus ordinaire, comme nous l'exposions dernièrement (3e *série*, n° 9) ; seulement, pour en avoir la claire intelligence, il ne faut rien retenir des habituelles inspirations ou manières de voir propres aux personnalités des deux ordres inférieurs qu'il nous reste à décrire.

Les personnalités d'ordre moyen, les plus voisines mais pourtant infiniment éloignées déjà des précédentes, ne sont plus exclusivement *spirituelles* comme elles ; mais, sans être incapables pour cela de s'adjoindre cette première qualité fondamentale, elles en offrent une autre toute différente ; car leur propre manière d'exister ou d'apparaître est tout spécialement *intellectuelle*, en raison de la forme représentative indéfiniment variable et variée qui les constitue toujours. Cette forme n'a rien encore de la matérialité des personnalités les plus inférieures, mais elle n'a rien non plus de la haute spiritualité des précédentes, et se tient par conséquent dans ce juste milieu de la forme pure, toujours assez extensive d'une part pour occuper un certain espace en superficie, mais d'autre part assez contenue pour n'associer à cette apparence superficielle aucune trace d'épaisseur, tant en dessus, par refoulement du dehors, qu'en dessous, par refoulement du dedans. En jugeant alors à vue d'œil ou d'inspection, on la dirait toute répandue, diffuse dans les limites qui, seules, la caractérisent d'ailleurs par comparaison de l'une à l'autre. Comme spécialement *extensives*, les personnalités du *second ordre* actuellement considérées se distinguent à la fois des personnalités *inférieures* incapables de refléter autrement qu'imaginairement le même attribut (d'extension), et des personnalités *supé-*

rieures qui ne l'impliquent qu'imaginairement encore ; mais, *extensives* seulement jusqu'à certaines limites variables en tout sens avec la plus grande élasticité de forme ou de contraste, elles ne diffèrent pas moins ostensiblement les unes des autres, sans jamais sortir pour cela de la double rubrique dualistique d'*ensemble* où de *série* binaire (âge ou sexe) qui permet de les ranger en deux espèces irréductibles et perpétuelles.

Les personnalités les plus *inférieures* ne se recommandent plus, comme les *supérieures*, par le privilège d'une lumière *interne* incomparable, ni, comme les *moyennes*, par celui d'une lumière *externe* singulièrement éclatante et diversifiée, mais seulement (avec ou sans le concours de ces deux prérogatives, peu nous importe ce point en ce moment) par une *énergie* particulière qui, généralement accompagnée d'émotions agréables ou désagréables plus ou moins vives, en impose grandement au Sens et le subjugue même quelquefois jusqu'à le rendre absolument incapable des jouissances de l'intelligence et des avantages de l'esprit. Sans cette énergie puissante mais variable et passagère, les personnalités du plus bas ordre ne prendraient jamais pied dans la réalité. Plus ou moins vivement elle se déclare alors, plus les personnalités sensibles ainsi diversement affectées en souffrent ou jouissent par accord ou désaccord concomitant entre le subjectif et l'objectif ; mais encore, pour en comprendre l'effet, faut-il remarquer que dans le cas actuel le subjectif est aussi l'objectif ; c'est pourquoi l'accord ou le désaccord entre le subjectif et l'objectif est du même coup un accord ou désaccord, aussi bien entre subjectif et subjectif qu'entre objectif et objectif. Une dissonnance objective implique donc parallèlement une dissonnance subjective ; et de là résultent les plaisirs ou les tourments sensibles plus ou moins aigus, explicables par le seul entrelacement originaire des deux faces objective et subjective de l'Activité réelle. Le moment généralement assez court d'énergique conflit entre ces deux faces une fois écoulé, rien ne reste des sentiments physiques éprouvés alors. A la plus vive émotion peut donc succéder rapidement, chez les personnalités du plus bas ordre, le calme ou le repos le plus profond ; et, considérées en deux pareils moments consécutifs, elles ne paraissent plus se ressembler en rien ; on en dirait l'identité personnelle évanouie. Cependant, c'est bien l'excitation sensible seule qui s'est, en elle, tour à tour produite ou supprimée. Devant attribuer l'infinie profondeur et l'éternelle durée du sentiment *en général* aux personnalités du plus haut rang, ainsi que la largeur et la constance des sentiments *spéciaux* aux personnalités d'ordre moyen, nous pouvons donc, enfin, attribuer aux personnalités du plus bas degré l'amplitude restreinte, mais par cela même plus vive ou plus pénétrante, des sentiments *individuels*. Les sentiments *généraux* sont de Dieu ; les *spéciaux* de l'ange, et les *individuels* de l'homme.

11. Il est à peine besoin de faire remarquer que, le *sentiment* étant le fond commun de toutes ces définitions, l'emploi seul s'en différencie d'une définition à l'autre, ou d'un état à l'autre, et, comme cette différenciation s'accentue par degrés ou moments, les trois états consécutifs divin, angélique et humain ne ressemblent pas mal aux divers tubes cylindriques d'une lunette

d'approche, d'abord encastrés l'un dans l'autre par ordre de grandeur croissante, et puis se désemboitant successivement en ordre inverse. Puisque le *sentiment* est le fond commun de ces divers états, ils en offrent, tous, le caractère intrinsèque, et, parce que le Sens se distingue : 1° en *interne-externe* quand l'*interne* tient le haut bout du Réel et relègue en dehors l'Imaginaire; 2° en *externe-interne* quand c'est l'inverse qu'il faut dire; — si nous ajoutons à ces deux premiers cas le troisième dans lequel, 3° l'interne et l'externe se balancent ou se tiennent mutuellement en équilibre moyen, nous aurons les trois états suivants : *INTERNE* > *externe*, *INTERNE* = *EXTERNE*, *interne* < *EXTERNE*; dont, malgré l'identité des termes ou facteurs constitutifs, la seule considération des lettres majuscules ou minuscules servant à les représenter suffit à montrer d'inspection la différence.

Ces divers états consécutifs sont tous, avons-nous dit, sensibles. Donc ils peuvent être, tous, sensiblement signalés et reconnus; et par conséquent nous avons maintenant à nous occuper

4

d'en exposer ce moyen immédiat de détermination objectivo-subjective.

12. Le premier état qui, sous le double rapport rationnel et réel, s'offre actuellement à nos recherches, est l'état naturel *divin*. Nous n'avons jusqu'à cette heure rien dit qui puisse en faire préjuger le mode de détermination sensible, mais il n'en existe pas moins. Ce moyen primitif d'apparition ou de révélation est la *parole*.

La *parole* est une chose très-différente du *langage*, et, pour en montrer la différence, nous distinguerons ici trois sortes de paroles: 1° la parole *parlante*; 2° la parole *parlée*, et 3° la parole non parlante ni parlée, que nous nommerons pour cela (négativement) *sourde et muette*, c'est-à-dire (en termes positifs), *seulement entendue, comprise, interprétée*, jusqu'au moment de sa manifestation objective par signes, tels que gestes naturels ou sons articulés.

D'abord l'Être conscient n'est point seulement *sensible*, il est encore *intelligent* et *moral*; mais, quoique radicalement indistinct sous tous ces aspects accumulés ensemble, quand, à la faveur de sa faculté d'initiative, il peut vouloir et veut effectivement discerner entre les deux genres (les premiers en vue dans l'ensemble), qui sont le Sens et l'Intellect, il tranche comme avec un glaive dans son sein entre le subjectif et l'objectif; et retenant en soi l'irréniable qualité de subjectif, il rejette au contraire hors de soi l'objectif, dont il n'a plus besoin. Cela faisant, il est, lui subjectif, *parlant*; et l'objectif expulsé de son sein est *parlé*.

Maintenant, cet objectif pensé et parlé tout à la fois, et par suite évidemment passif en principe, n'est point à son tour radicalement dénué de toute activité propre; cependant, il ne saurait plus désormais s'en servir pour distinguer entre le sujet et l'objet réel, chose déjà faite: son activité se borne donc à distinguer entre le sujet *représentant* et l'objet *représenté*, c'est-à-dire, à distinguer cette fois dans la sphère des *idées*, comme le *parlant* distinguait naguère dans l'ordre des *faits*; et tandis que, *pensant*, il peut alors revendiquer l'empire des idées avec le même droit que le *parlant* aurait de revendiquer pour lui-même l'empire des faits, il résulte de cette double et simultanée revendication de droits en conflit, — pour la conscience absolue passivement instruite de cet événement, — une *audition* concomitante sous forme de parole *sourde ou muette* interne. Cette parole *sourde ou muette* interne ne peut rien ignorer de ce qui se passe dans le double ordre des faits ou des idées entre les deux paroles *parlante* et *parlée*. Réduite d'abord en elle-même au simple rôle de *conscience interne*, elle n'a point pour cela la même raison de garder une semblable réserve *au dehors*, ou de ne pas se convertir là de tiers abstrait en personne *parlante* à tour : elle peut donc transmettre au dehors ce qu'au dedans elle aura secrètement ouï d'avance ; et c'est ainsi que, de la parole *sourde ou muette* interne, sort finalement le *langage* figuratif externe, constitué de mouvements naturels ou conventionnels, répondant à toutes les exigences du dedans.

13. De ces explications fondamentales sur le don de la parole s'ensuivraient, maintenant, plusieurs conséquences importantes, parmi lesquelles nous nous contenterons de signaler, pour sa géné-

ralité, la suivante. Il y a deux sortes de paroles: l'*interne* et l'*externe*. La parole *interne* s'effectue tout entière entre le Sens et l'Intellect, pour aboutir à l'Esprit, où elle expire. La parole *externe* date, au contraire, de l'Esprit entrant activement en scène à son tour, et se traduit cette fois au dehors par le langage des gestes ou des mots. Comme l'Esprit, auditeur naturel de tous colloques intimes entre le Sens et l'Intellect, n'ignore originairement rien de tout ce que ces deux autres puissances peuvent penser et projeter en commun, rien ne se dit au dedans qu'il ne puisse manifester au dehors, mais aussi rien ne se manifeste au dehors, qui ne révèle également les secrètes tendances ou la propre nature de l'Esprit lui-même réagissant sur les données internes du Sens et de l'Intellect plus ou moins modifiées dans leur trajet à travers le milieu significatif dont il dispose à sa guise, et pour lors il y a de nouvelles distinctions à faire.

Évidemment, quand l'esprit veut traduire au dehors les internes *tête à tête* du Sens et de l'Intellect, il a besoin de leur concours. Or, ce concours peut être *objectivement*, seulement *initial* ou *final*; *subjectivement*, *initial*, *moyen* et *final* tout à la fois. Objectivement, il ne peut être qu'initial ou final, parce qu'à ce point de vue l'Esprit n'a devant lui que les deux puissances intellectuelle et sensible. Il est d'ailleurs, alors, initial quand il aboutit, avec le seul Intellect, à des décrets sans actes; il est final quand il passe, avec le Sens en plus, des décrets aux actes. Subjectivement, au contraire, le concours peut être à la fois initial, moyen et final, parce qu'à ce nouveau point de vue l'Esprit, ayant en somme avec lui (lui compris) trois puissances à son service, est libre d'effectuer trois haltes possibles à son choix, savoir: la première, en s'arrêtant à son propre et seul exercice; la seconde, en s'aidant de l'Intellect; la troisième, en poussant jusqu'au sensible. Supposons qu'il s'en tienne au premier pas effectué sans sortir de son propre ressort: l'effet en reste exclusivement *virtuel* et *simple*. Fait-il au contraire pas *double*, l'effet s'en complique par là même *formellement*, et devient ainsi figurable et *figuré*. Mais accomplit-il enfin le dernier pas; l'effet atteint, du même coup, la limite de sa complication, et devient à la fois, *concret* et *triple*, ou pleinement réel et sensible.

Si nous nous remettions en mémoire notre triple représentation *subjective* des natures divine, angélique et humaine, sous la forme des expressions à degrés descendants 1^3, 1^2 et 1^1, nous devrons conclure de ce qui précède qu'*objectivement* elles peuvent différer de même; mais ce sera cette fois en sens inverse, parce qu'actuellement le seul mode *simple* d'exercice parlant est attribuable aux personnalités *divines*, le *double* revenant de préférence aux *angéliques*, et le *triple* aux *humaines*.

14. La simplicité jouit, comme la vérité, du rare et vraiment inestimable privilège d'être de chaque instant et de tous les instants, de chaque lieu et de tous les lieux, de chaque être individuel et de tous les êtres individuels ; elle est le siége de l'éternel, de l'universel et du nécessaire. Qu'est-ce que la vérité? demandait autrefois Pilate. Où est la simplicité? nous demandera-t-on ici peut-être encore. La difficulté d'en assigner le siége n'est pas aussi grande qu'elle le paraît. Le *simple* domine ou tient le haut bout

dans la *parole*, ou même (si l'on veut actuellement) dans le *langage*, malgré toutes les complications physiques ou formelles de ce premier genre de relations personnelles conditionnées par le don de la parole ou le sens de l'ouïe. Pour nous figurer des êtres réduits au mode d'existence *simple*, que nous faut-il ? Il nous faut des êtres entièrement exempts, soit des grossières sensations de *contact* construit sur le type épais des corps solides résistants qui les font naître, soit des superficielles sensations de la *vue* subjectivement planes comme les aires étendues d'où elles viennent, et par conséquent des êtres qui, ni *solides* ni *plans* dans leurs rapports, se communiquent par simple voie *linéaire* (comme s'est le cas dans la parole ou le langage) leurs pensées ou sentiments. En effet, pour de pareils êtres personnels et déjà conscients d'ailleurs des relations intimes en constituant le fond habituel sans le moindre accompagnement de forme ni de matière apparentes, l'espace et le temps objectif ne sont encore qu'imaginaires, et l'imaginarité de ces deux notions n'implique évidemment aucun retard en la vitesse des actes, alors par là même toujours accomplis instantanément : toutes distances sont donc contre eux comme non avenues ou nulles. On ne saurait dire, cependant, que jamais cette annulation respective des distances en détruise ou suspende tant soit peu la distinction ou séparation réelle initiale. Ils sont donc en quelque sorte à la fois unis et séparés, ou pleins et vides : d'abord vides, faute de tous rapports *tactiles* ou *visuels*; puis pleins, par la présence *virtuelle* effective de tous corrélatifs analogues en chacun d'eux. Rien ne leur manque ainsi de ce qu'ils peuvent désirer, soit en distinction réveillant les désirs d'union, soit en satisfaction des mêmes désirs rappelant à bout d'ardeur la distinction ; et puisque la distinction et l'union ne sont entre eux, dans ces conditions, qu'imaginairement discernables, elles sont *simples*, comme l'est elle-même l'unité, terme de toute division et principe de toute multiplication. Des personnalités ralliées entre elles par le *seul* emploi de la parole ou du langage interne-externe sont donc radicalement et par là même constituées dans l'état psychologique le plus parfait ou *divin*.

Un pareil état reflète évidemment par lui-même tous les caractères transcendants de l'activité radicale parcourant ses trois phases essentielles de *principe*, de *fin* et de *moyen*. Il est psychologiquement certain que la passion interne *vient après* la pensée non dépourvue de toute initiative, et qu'à son tour la pensée *succède* à l'acte sensible, première origine absolue de tout le devenir interne formel ou virtuel. L'acte sensible, la pensée, la passion, sont donc, sans contredit, déjà comme principe, moyen et fin. Mais la même série de phases se reproduit dans la parole ou le langage articulé, car l'émission ne s'en opère qu'après le soulèvement de la passion par la pensée postérieure à l'acte d'excitation; d'où il résulte qu'il accuse à la fois par ses différentes modalités le *degré* de la passion, la *portée* de l'intention et la *nature* de l'excitation. Il est donc bien incontestable, quoi qu'on ait pu dire en sens contraire, que le langage extérieur, au moins, est *d'institution volontaire absolue*; mais il est autant incontestable qu'il n'est possible qu'entre personnalités déjà *complétement déterminées ensemble et séparément*, ou bien non moins clairement unies que distinctes par sentiment, intelligence et volonté, d'où il suit qu'il est un simple *rapport* au dehors des *rapports* du dedans par la voie des intonations ou des ébranlements allant du dedans au dehors. Auquel cas il est encore évident, puisque ce premier mode de communication est complet et fondamental, que les deux modes ultérieurement réalisables encore par *vision* externe ou par *contact matériel* externe n'y sauraient rien ajouter d'*essentiel*, et peuvent seulement intervenir pour en développer la *forme* ou renforcer le *sens*.

Veut-on bien résoudre par conséquent la question de l'origine du langage : il faut commencer par éviter de la confondre avec l'origine de la parole. La *parole* est, sous peine de ne pas être du tout, éternelle et personnelle, en ses trois états de parole *parlante*, *parlée* et *sourde* ou *implicite*. L'*enfant* existe en état de parole *sourde* ou *muette*, sinon il ne serait qu'animal et ne deviendrait jamais ni *parlé* ni *parlant*. La *mère*, originairement issue du père, est à l'état natif de parole *parlée*; le *père*, principe de la famille, est à l'état de parole *parlante*. Avec cette triple distinction, le langage peut s'établir ; sans leur somme entière, il serait impossible. Si les bêtes ne parlent point entre elles, la raison en est qu'elles manquent de la première condition indispensable de tous semblables rapports, c'est-à-dire de l'acte absolu de conscience *objectivo-subjective* distincte, qui est la *parole interne à trois facteurs appelés à jouer tour à tour et par ordre un rôle principal*. Mais l'Homme est essentiellement constitué sur ce type divin ; il est, dès sa conception, homme, comme Dieu est, de toute éternité, Dieu.

15. Nous avons trouvé (§ 12), dans l'esprit réduit à l'état de parole *sourde* ou *muette*, le dernier degré d'involution possible sans annulation de conscience ; cet état correspond à celui de passion ressentie. Dans la même circonstance, en face de cet état personnifié, nous avons dû concevoir le monde comme exclusivement objectif. Autant, alors, le monde *subjectif* interne est réel, autant le monde *objectif* lui faisant face serait imaginaire ou nul, n'était l'Intellect représentant qui le tient à sa dis-

position. Dans le monde objectif, il n'y a donc point d'autre réalité que celle que nous y mettons nous-mêmes, êtres représentants. Seulement, comme nous le représentons forcément tel ou tel en raison de *nos* propres relations avec *lui*, s'il arrive que *notre* intellect tienne bon pendant que *notre* esprit faiblit, nous attribuons naturellement au monde objectif apparent la force équivalente à celle dont nous nous dépouillons nous-mêmes comme esprit, et par conséquent les *forces physiques* et nos *faiblesses psychiques* ne sont que les deux aspects inverses d'un même phénomène *absolu* sensible ou radical, qui pourrait bien se modifier en un clin d'œil du tout au tout dans le cas où, subitement transformés en êtres d'un autre ordre, nous échapperons aux étroites conditions de notre existence terrestre actuelle. Et pour cela, que faudrait-il ? Une seule chose : être capable de vivre de la *seule* parole (Math., IV, 4). Car, puisque la parole est le *principe* de tout, elle est aussi la suprême *fin* et le suprême *moyen*, ou bien elle réunit en elle-même toute vie, toute force et tout don parfait.

Cependant, quoique épuisant l'idéal du possible, l'état *divin* n'épuise point l'idéal du réel, ou, pour mieux dire, la conversion plus ou moins avancée du réel en idéal et l'amalgame des deux ; car la parole *parlée* sans dictinction de lieux ni de moments, n'exclut point d'autres paroles seulement parlées en tels lieux ou tels moments déterminés, et par conséquent spécialisés, limités, formels. Occupons-nous d'abord des paroles parlées par *moments*, non encore envisagés (malgré leur objective succession possible en degrés d'éclat) comme *successifs*, mais seulement comme *simultanés*, et par suite équivalents à de simples *lieux distincts*. Puisqu'il doit exister par hypothèse de semblables lieux objectivement distincts, il est indispensable qu'un certain signe spécial étranger à la parole *parlée* primitive ou générale s'y rattache habituellement. Or, il existe un agent physique très-propre à remplir ce rôle, la *lumière*. Objectivement aperçue plusieurs fois dans le même temps sans confusion de lieux, soit par des vides intercalés, soit par phases alternantes d'éclairement, la lumière signale autant de positions réelles distinctes qu'elle subit de divisions. Admettons alors que ce spectacle dure, ou même qu'il varie par le tracé de révolutions successives périodiques, il aura l'air de réaliser par là même un certain temps ; mais ce temps ne méritera point encore le nom de *réel* et ne sera provisoirement que *rationnel*, tant qu'il ne sera point censé (comme en effet il ne doit point l'être encore) atteindre en eux-mêmes les êtres personnels sujets à ces différences ou recrudescences objectives d'éclat. Des changements n'atteignant point les natures réelles ou les personnalités restent évidemment purement objectifs ou représentés ; le temps qu'ils prennent est donc, lui-même, encore seulement objectif ou représenté ; nous le nommons en conséquence *rationnel*. D'un autre côté, s'installant dans ce même temps avec leurs habitudes d'immanence sans en souffrir la moindre atteinte, les personnalités portent évidemment leur *immanence* dans la variation, et figurent ainsi l'*espace* apparent ou réel : nous nommons cet état des paroles *parlées*, objectivement variables déjà, mais pourtant subjectivement immanentes, l'état angélique.

16. Le langage des personnalités *angéliquement* constituées n'exclut point et présuppose plutôt le langage *divin* à trois facteurs personnels [1]; mais il descend cependant en lui-même objectivement ou de fait à deux seuls facteurs, dont la nouvelle présupposition réciproque n'empêche point qu'ils ne soient discernables l'un de l'autre par leur alternation formelle de grandeur ou d'éclat. Ainsi, le terme ternaire A $(=\frac{B}{C})$ se distingue très-bien absolument des deux autres termes aussi ternaires B $(=\frac{A}{C})$ et C $(=\frac{B}{A})$; mais le terme binaire *AB* ne semblerait point se distinguer de l'homologue *BA*, si l'on n'en supposait les deux facteurs communs inversement variables, comme en *Ab* et *Ba*. Maintenant, quoique les deux facteurs de composés binaires

---

[1] Depuis l'invention du *photophone*, l'existence de la *lumière parlante* n'est plus un mystère énoncé par l'Apôtre (1 Cor., XIV. 10), mais un fait acquis; et son inventeur n'a pas craint de penser que toute espèce de substance est capable de rendre un son sous l'action d'une lumière scintillante. Mais il y a plus: de nouvelles expériences de J. Tyndall sont venues prouver que la capacité d'arbsoption et l'intensité du son vont de pair; d'où il suit que c'est la suppression de l'objectif qui fait le son. Et pourquoi, sinon parce qu'alors l'activité vibre par elle-même?...

soient ainsi censés varier, si nous ne cessions pas de les concevoir en union constante, nous en saisirions bien l'effet d'ensemble, mais les détails n'en ressortiraient point; pour en apercevoir ou distinguer les détails, nous devons donc porter, fixer, concentrer notre attention sur les facteurs particuliers eux-mêmes, et pour cela, nous éloignant de leur considération par la voie de simple *vision* à distance, faire usage du mode plus prochain et même immédiat d'observation par tous les sens externes réunis et notamment le *contact*. Car, cette fois, ce qui ressort principalement, ce n'est plus la forme désormais indifférente, mais l'énergie, l'intensité, l'évolution ou l'involution plus ou moins rapidement graduées des éléments ou de leurs effets sensibles purs. En supposant que, usant de ce dernier procédé, l'on en voie la variation se porter jusqu'à deux limites données, telles que $+P$ et $-P$, ou N et O, le Sens externe diversement affecté décèlera toutes ces différences, mais il les décèlera toujours comme présentes, non comme futures ni passées. L'intelligence ne laissera point, de son côté, d'en représenter abstractivement l'ordre et la suite;

mais le sentiment seul en fournira les éléments intégrants ; et, comme il ne fait cas que de ce qui l'affecte, comme il varie lui-même d'affection dans la même série de temps abstrait représenté par l'Intellect, non-seulement il introduit alors le concret dans l'abstrait ou le variable dans l'immanent, mais encore il renferme la durée du réel entre les deux limites de plus grande ou de moindre énergie qu'il peut atteindre, et ne permet de se figurer au-delà que le vide ou le néant de toute réalité sensible. Ce nouveau mode de communications personnelles par voie, non plus formelle ou *visuelle*, mais sensible ou *tactile*, étant évidemment propre à l'homme dans son état terrestre actuel, nous l'appelons en conséquence *humain*.

17. Nous venons d'expliquer, par un subit détournement d'*attention*, l'inopiné passage, chez les personnalités déjà fonctionnant par l'Intellect et l'Esprit, des indices objectifs formels ou *visuels*, aux indices objectifs sensibles ou *matériels*. Cette explication remonte plus haut et rend également compte de la *transition*, chez les

personnalités tout d'abord simplement spirituelles ou morales, des indices spirituels ou *moraux*, aux indices formels ou *visuels* ; et, comme elle s'érige alors d'elle-même en principe général, nous nous arrêterons un moment sur elle pour en démontrer la justesse et la portée. Dans ce but, nous nous rappellerons le nom de *conscience* généralement déjà donné par nous (§ 4) en commun aux trois puissances ou personnalités radicales. Qu'est-ce que cette *conscience*, sinon un acte réel de l'Être absolu sur lui-même ? Par un tel acte réel trois fois modifié coup sur coup, la Conscience, tout d'abord indivise, devient successivement, à part, sensible, intellectuelle et spirituelle. Mais alors, si les trois personnalités radicales se distinguent réellement en manière d'actes spéciaux d'attention, il y a forcément des actes spéciaux d'attention portant, l'un sur les objets sensibles comme sensibles, l'autre sur les objets intellectuels comme intellectuels, le troisième, enfin, sur les objets spirituels comme spirituels ; et quand nous changeons ainsi de spécialité dans notre revue du monde objectif, nous sautons bien comme d'une case en une autre, n'ayant jamais l'air d'avoir conscience du sensible dans l'intellectuel, ni de l'intellectuel dans le sensible, etc. L'attention n'est donc point d'abord une faculté de l'intelligence, ou *spéciale*, mais elle est plutôt une faculté de la Conscience en général, ou *générale*; et c'est ainsi parce qu'elle est radicalement générale, qu'elle peut devenir ultérieurement spéciale, en contractant les déterminations indiquées. Effectivement, l'attention des êtres *moraux* est morale comme eux ; l'attention des êtres *intelligents* est intelligente à leur image, et l'attention des êtres *sensuels* surtout est éminemment sensible. Bien avant l'âge de puberté, l'enfant fait mille et mille actes d'attention sans pour cela remarquer la distinction ou le rôle des sexes; vers cette époque, cette idée se révèle subitement à lui : c'est l'idée sensuelle qui fait son apparition. Mais comment lui vient-elle ?... si tard ?... après tant d'autres ?... On ne niera point certainement que, avant d'avoir l'idée de sexualité, l'enfant n'en eût une foule d'autres. Avant cette *découverte*, il distinguait très-positivement entre le faux et le vrai, l'illicite et le licite ; et l'on ne saurait soutenir non plus que l'idée de *sexe* précède celle d'*âge*, encore moins celle de *personnalité* ; cette dernière idée date de son premier jour. Dès qu'il commence à parler, pour son début de langage, l'enfant nomme ses *père* et *mère* ; et à ces deux idées il ajoute nécessairement la sienne, celle d'enfant. Le voilà donc pris en quelque sorte sur le fait de ses idées premières. A ces idées premières il rattache naturellement aussitôt les idées connexes d'*autorité*, de *subordination*..., ainsi que celles de *besoin*, d'*indépendance*...; et tout cela, sans même user de réflexion volontaire. Cependant, plus tard et à mesure qu'il grandit, à ces idées instinctives il ajoute spontanément la libre réflexion ; et alors, par addition de la libre réflexion à l'instinct, le pur *sensible* devient *rationnel*, comme plus tard le *rationnel* devient *moral* ou (par rechute dans le sensible) *sensuel*.

On n'a point généralement assez remarqué cette transition du pur *sensible* primitif ou naturel au *rationnel*, et du *rationnel* au *moral* bifurcable en $\begin{cases} spirituel \\ sensuel \end{cases}$. Le monde des idées instinctives marche le premier ; puis vient le monde des idées réfléchies, qui n'est nullement identique au précédent, et paraît enfin le dernier, le monde moral, bien différencié des deux précédents par la distinction, jusqu'à cette heure inaperçue, du contraste régnant entre les deux voies d'*abandonnement* ou de *renoncement aux plaisirs physiques*, ou, plus brièvement, entre la *chair* et l'*esprit*.

Nous avons déjà démontré la tardiveté de cette distinction, si naturelle pourtant (une fois acquise) qu'on ne saurait plus l'oublier. Il faut donc ici se méfier singulièrement des jugements précipités, et comprendre que, comme tout d'abord ou par instinct la conscience réelle passe du pur sensible à l'intellectuel, et de l'intellectuel au spirituel, plus tard et par réflexion elle change de front, tourne sur l'Esprit comme sur un pivot, et, par un acte absolu subit, s'élance dans les célestes régions du surnaturel ou tombe dans l'abîme de la dégradation.

18. Sachant maintenant que, par la spécialisation réelle des actes d'attention, nous allons

— pendant les diverses périodes de notre existence terrestre constituées de progrès ou regrès incessants en tout genre — comme de découverte en découverte ou (suivant le langage de l'Apôtre, 2 Cor., III, 18) *de clarté en clarté*, nous pouvons bien penser que, par exemple, avant la découverte ou la révélation des jouissances *sensuelles*, nous n'étions point bâtis, quoique aptes aux mêmes opérations, comme nous le sommes après cette reconnaissance. Alors, témoins des mêmes choses, nous les eussions jugées comme il convenait au mode de la conscience d'alors, exclusivement occupée de notions formelles ou virtuelles ; et par conséquent nous eussions agi, pensé, voulu comme des anges. Rappelons nous les souvenirs de notre enfance. Tant que nos passions ne s'étaient pas encore éveillées de leur éternel sommeil, vivant sous la garde de nos parents sans prévoyance et sans souci, nous ne voyions pas le monde comme il nous est apparu plus tard. Il nous semble bien actuellement que, étant enfants, nous le voyions plus petit ; mais c'est une illusion d'optique intellectuelle : les enfants voient au contraire le monde plus grand que les hommes faits, car pour eux tout est loin, et par conséquent les distances sont aussi démesurément plus grandes. On sait que le temps paraît plus long dans le jeune âge : alors les années sont des siècles ; mais, par là même, les lieues sont des longueurs à perte de vue. Tout, donc, s'agrandit pour les enfants : leur maison est un royaume, tout royaume est un monde. C'est justement la répétition ou reproduction de ce qui se passe dans le monde angélique, où les unités de mesure sont, non plus notre mètre microscopique, mais ou l'axe terrestre, ou l'axe de l'orbite terrestre, etc. Notre enfance répond donc à l'état angélique ; mais l'état angélique avoisine le divin, et voilà pourquoi l'Évangile nous dit que, pour revenir au divin, nous devons repasser par l'enfance, image de l'angélique.

Les états *divin*, *angélique* et *humain* étant des états spécialement distincts, irréductibles même, et comparables à des régions complètement isolées l'une de l'autre, mais reliables entre elles par allées et venues des puissances internes au moyen d'*actes commutateurs d'attention per-*

sonnelle, ces actes sont à leur tour assimilables à des portes par lesquelles on entre ou sort. Mais alors, quand la *Nature* ou la *Raison* ou la *Volonté* nous ont permis de nous mouvoir dans l'intérieur d'une de ces régions jusqu'à sa porte d'entrée ou de sortie, nous pouvons, cessant de prendre conseil des trois puissances à la fois, ne nous inspirer capricieusement que de l'une d'entre elles, et vouloir, par exemple, au lieu de sortir, rentrer et nous barricader même dans son intérieur. Soit alors le Sens, celle dans laquelle nous rentrons avec cet excès d'arbitraire : le sensible devient immédiatement sensuel ; mais, devenant sensuel, il ne s'agrandit point, il se rapetisse. Rentrons-nous avec le même défaut dans l'Intellect : le rationnel se dénature aussi en se faisant raisonneur ; et, devenant raisonneur, il se trouble et s'égare. Par aussi défectueuse rentrée dans l'intérieur de l'Esprit, le virtuel, promptement dépouillé de son élan et de sa liberté naturelle, s'enraidit de plus en plus. Pour accroître ou conserver toute leur extension possible en n'importe quelle direction, les puissances doivent donc vivre en communion parfaite, et, tout en restant chacune pures, autant se communiquer qu'elles peuvent vouloir ou devoir se distinguer ; car jamais, par exemple, le Sens ne peut plus briller, même comme Sens, que quand il est et peut simultanément apparaître intelligent et moral, etc. La perfection est d'être tout à tous ; et, comme il n'en est pas moins nécessaire pour cela d'être ou de rester soi-même, c'est dans l'entière harmonie du dehors et du dedans qu'on peut trouver, adjointe au type suprême de l'objective perfection, son unique mais bien indispensable condition subjective originaire, ou l'instinct de *conservation propre*, dont l'exclusif emploi fonde tous les vices, et l'inclusif ou généreux emploi toute vertu.

19. Puisque nous avons cru pouvoir assimiler les *actes commutateurs d'attention personnelle* à des *portes de communication* entre les trois puissances radicales, ne craignons point de pousser cette assimilation à bout, et tâchons maintenant de désigner par leurs noms propres les actes exerçant cette fonction. Comme appelés à ménager le transit entre les diverses puissances, ces

actes sont appréciables par la direction des mouvements effectués de dedans en dehors ou de dehors en dedans. Supposons que le Sens soit ici la puissance au sein de laquelle on veut pénétrer : avant tout, il s'agit de savoir quelle en est la nature. Par lui-même ou seul, le Sens ne distingue rien mais identifie plutôt ; il peut être défini, sous ce rapport, l'identification ou l'identité du sujet et de l'objet. Une pareille identification s'introduit-elle alors: il y a commencement, institution, fondation de réalité sensible ou physique, c'est-à-dire *naissance*. Dans le cas contraire, il y a *mort*. Par la naissance, on a donc entrée dans le Sens, et par la mort on en sort. Maintenant, l'ordre intellectuel est principalement fondé sur la distinction entre le subjectif et l'objectif ; et puisque cette fois, s'il faut s'en rapporter à l'Intellect, le Sens, préalable identificateur, doit être contredit, où ce dernier unit il faut au contraire diviser. Mais s'en rapporter à l'Intellect, *contrairement à l'affirmation préalable du Sens*, c'est faire acte de *foi*. Donc, par la *foi*, l'on entre dans le ressort intellectuel, et, par l'*incrédulité*, l'on en reste ou se place dehors. Dans l'ordre *spirituel* moralement envisagé, les choses se passent autrement : comme le Sens et l'Esprit y sont en opposition incessante, il ne peut exister entre eux d'autre porte de communication du Sens à l'Esprit que le *sacrifice*, — et de l'Esprit au Sens que la *complaisance*. D'abord, où le Sens charnel est sacrifié, l'Esprit fleurit et fructifie ; et où le Sens charnel ne cède point, l'Esprit ne saurait vivre. Il est vrai que, où l'Esprit serait ainsi sacrifié, le Sens pourrait bien jouir un moment ; mais en même temps la porte d'entrée du Sens ouverte au plaisir en serait aussi la porte de sortie, car toute jouissance sensuelle est essentiellement transitoire. Puis, comment le Sens fleurirait-il ou fructifierait-il à son tour si l'Esprit restait perpétuellement impassible ou ne cédait complaisamment autant qu'il le peut sans se dénaturer ? Or, la complaisance en est le premier attribut ; il peut en outre se montrer prévenant et reconnaissant. Pourvu donc que le mode d'exercice, même objectif déjà nommé formel ou *visuel*, n'apporte pas avec lui-même de vice intrinsèque en motivant la proscription, l'Esprit laisse bénévolement à l'imagination pleine liberté de s'appliquer indéfiniment dans ce champ d'observations spéculatives ou pratiques, où le Sens peut trouver une source inépuisable de sentiments esthétiques éminemment agréables et variés.

Cependant la discorde peut, aussi bien que l'accord, régner entre les puissances. Alors, si le Sens fait appel à la complaisance de l'Esprit, et que l'Esprit se refuse à lui donner satisfaction, le Sens est refoulé sur lui-même et revient sur ses pas; et de même, si l'Esprit demande des sacrifices au Sens et que le Sens n'accède point à ses désirs, l'Esprit se recueille et rentre comme l'escargot dans sa coquille. Que ces refus soient dans l'ordre des choses ou n'y soient pas, ils n'en sont pas moins sujets à des lois formelles ou réelles, qui permettent alors d'en systématiser les conséquences ou résultats. Nous ne comprenons point parmi ces suites le secret déplaisir résultant pour le Sens ou l'Esprit du défaut de correspondance mutuelle, car, tout d'abord ou par elles-mêmes, ces deux puissances sont trop éloignées l'une de l'autre pour pouvoir entrer en rapports directs immédiats objectivement percevables. Mais elles ont pour commun médiateur l'Intellect, et c'est alors ce dernier qui leur permet de donner cours, en terrain neutre, à leurs vœux possibles respectifs d'agrandissement ou d'union. Suivant que ces vœux restent dans la mesure du naturel, du rationnel et du moral, ou qu'ils s'en écartent au contraire par excès ou par défaut, ils introduisent une foule de cas distincts que nous nous contenterons ici de ranger, sans plus ample examen, sous la triple rubrique de *généraux, spéciaux* ou *particuliers*.

20. La *circulation* de l'activité en général *en* ou *sur* elle-même *avec* ou *sans* fin, se nomme la *vie*. Il y a déjà longtemps que nous avons divisé tous les mouvements *vitaux* en circulaires, elliptiques, paraboliques et hyperboliques. A ce point de vue, vivre, c'est se mouvoir en cercle, ellipse, parabole ou hyperbole ; mais la vie manifestée par des mouvements hyperboliques et paraboliques doit être d'une nature réelle bien inférieure à celle manifestée par mouvements elliptiques ou circulaires. Car ces deux derniers mouvements portent en eux-mêmes la condition

ou le principe de leur renouvellement ou de leur maintien perpétuel ; et, quoique les deux précédents ne soient point dépourvus d'un certain principe infiniment restreint de maintien perpétuel, ils manquent complétement de cette suprême condition de renouvellement qui rend les deux autres aussi frais ou sains, après des milliers d'années ou des siècles, qu'à leurs premiers débuts. Le mouvement parabolique est toujours défaillant, le mouvement hyperbolique rend toujours son dernier soupir; perpétuels, au contraire, en leur manière d'être respective, les mouvements elliptique et circulaire offrent à la fois réunies la fraîcheur de la jeunesse et la maturité de l'âge, et c'est seulement grâce à leur indéfinie prolongation assurée, que les êtres *passagers* qui n'y participent point arrivent *les uns après les autres* à l'existence, comme pour servir d'escorte aux *immortels*.

Les êtres passagers remplissent des rôles passagers, et les immortels remplissent des rôles immortels: voilà pourquoi l'existence des premiers est subordonnée dans le plan général de l'univers à l'existence des derniers, qui sont par conséquent, en importance réelle, les premiers à tous égards, sauf l'éclat extérieur ou l'enivrement sensible ; car c'est précisément pour vouloir trop donner à l'éclat ou trop appuyer sur le Sens que les êtres passagers retombent promptement dans leur état d'imaginarité native, d'où par occasion ils avaient dû surgir pour venir remplir au grand jour leur ministère provisoire ou temporel. La création des uns et des autres s'opère d'ailleurs en principe avec le même degré de sagesse et de perfection.

Au jugement de l'Intellect divin ou de la Raison en général, la création est une œuvre excellente par sa fin, la glorification de tous les genres de mérite réel. Le mérite s'acquiert ou se démontre par des actes libres ; et, pour être méritants, tous les actes doivent être des actes de complaisance chez l'Esprit, de sacrifice dans le Sens. Mais d'abord, comme toutes les personnalités étaient *divines* ou *divinement produites*, elles étaient aussi toutes ou *également* ou *semblablement* saines ; ni le Sens ni l'Esprit ne pouvaient donc originairement être soumis en elles à de rudes épreuves. Aussi le premier monde produit est-il le seul monde *angélique*, comprenant en principe l'*Humain*, ainsi placé radicalement par faveur au même rang ; car ce monde consistait, comme nous l'avons appris § 15, en simples effets externes de lumière dont les êtres intéressés pouvaient paraître seulement briller ou s'éclipser tour à tour, sans avoir à redouter le moindre choc funeste ; et, sans n'impliquer que cet état exclusif de l'ange, l'homme primitif n'en était pas moins susceptible que lui. S'agissait-il alors d'étaler au dehors les profonds sentiments de prévenance, ceux de la *paternité* par exemple, on n'avait qu'à vouloir ; le Sens divin en faisait tous les frais par voie d'imagination inépuisable, et l'harmonie radicale des puissances n'en recevait aucune atteinte. S'agissait-il de témoigner en reconnaissance le plus profond dévouement, le dévouement *filial* par exemple : une éclipse passagère suffisait à figurer aux yeux les sentiments du cœur, et l'Esprit, pleinement satisfait, ne demandait plus rien. Mais des mérites si facilement acquis étaient bien loin de combler la mesure du mérite possible, car le mérite se proportionne aux épreuves. Pour voir briller dans toute sa force la grandeur du courage ou de la constance, il n'y a pas de meilleurs moyens que de mettre les êtres à l'épreuve des souffrances et de la mort physique. La candeur et la pureté d'Esprit rencontrent aussi dans les violents conflits des personnalités où les mouvements impétueux des sens de terribles ennemis dont on ne triomphe que par une immolation héroïque et perpétuelle de soi-même. Là, donc, le Sens se révèle avec éclat par le complet sacrifice du corps ; ici, l'Esprit se révèle de même par l'insurmontable résistance morale qu'il oppose au même corps changé pour lui-même en oppresseur implacable. De tels combats supposent maintenant des éléments hostiles à l'ordre primitif ; ces éléments indispensables ne sont point à créer, ils existent pêle-mêle avec les éléments amis et pacifiques : il suffit donc, pour les faire apparaître, de mettre à la fois tous les êtres personnels existants aux prises les uns avec les autres. Entrant en relation, non plus seulement *visuelle*, mais *tactile*, ces êtres se font eux-mêmes leur sort ou se discernent, en cherchant chacun la meilleure part où il leur plaît de la trouver. Car, en définitive, l'être personnel est simultanément ici juge et partie, le jugement en est éminemment partial par conséquent; mais ce n'est pas tout : le même être personnel se fait encore exécuteur, et, quand il agit, manifeste ouvertement, par le mode ou l'énergie des actes, la vraie fin et l'absolue direction de ses tendances ou volontés. Qu'on opte alors pour le bien ou pour le mal, peu importe: la personnalité s'est du même coup révélée tout entière ou sans rien laisser à désirer, ni pour le sentiment, ni pour le cœur, ni pour l'intelligence.

Un être se manifeste assurément tout entier quand il se manifeste par toutes ses puissances à la fois, sous le double rapport objectif et subjectif. Quand, en effet, un être combat objectivement par son corps et lutte jusqu'au sang, il est bien là tout entier ; quand, de même, un être combat subjectivement autant qu'il peut par son vouloir, et lutte comme agent libre dévoué pleinement à sa cause, il est bien là tout entier encore. Mais l'être physique et l'être moral, complets l'un et l'autre, composent, par leur union intime poussée jusqu'à l'identification, la vraie personnalité réelle, absolue, simple, une, et par conséquent (puisque l'un final une fois atteint ne plus se dédoubler ni varier) éternelle. Toutes les personnalités, incréées et créées, bonnes et mauvaises, sont donc, à la grandeur et à la bonté près, identiques; elles sont l'identité du subjectif et de l'objectif, l'identité du réel et de l'imaginaire; ne craignons pas d'ajouter l'identité même du bon et du mauvais non encore épanouis et par conséquent impropres à rien caractériser avant leur démêlement ; mais avec cette énorme différence que, une fois mises en demeure d'opter librement entre tous ces contraires, les unes se plaisent à concentrer avec empressement toute leur activité dans le subjectif, le réel ou le bien, tandis que les autres préfèrent la rapporter avec la même ardeur sur l'objectif, l'imaginaire ou le mal.

Ainsi, chaque être est bien finalement fait à l'image du monde, mais après avoir fait le monde à son image.

FIN.

TABLE DES MATIÈRES

Avant-Propos : Distinction entre le *transcendant* et le *commun*..................§§ 1
Dialectique ; sa définition et sa raison d'être transcendante........................ 2
Idée de l'Activité réelle, la *personnalité*...... 3
Variabilité de la personnalité en général...... 5
Inégale *disparité* des personnalités, et ses espèces ou degrés en double *série*........... 6
Notion des trois personnalités radicales et de leurs *groupements*......................... 8
Double sens progressif ou régressif des *groupes sériels*................................. 9
Classement des personnalités en *genres*, *espèces* ou *individualités*...................... 10
Représentation *sensible* des personnalités de tout rang par la *parole*, la *vue*, le *tact*...... 11
Différence essentielle entre les deux états *primitif* et *postérieurs* humains............... 18
Actes commutateurs personnels............. 19
Définition de la *vie* et description de ses phases, rôles ou fins................................ 20

FIN DE LA TABLE

ERRATA du N° 9 précédent :

Pag. 21, lign. 15 : au lieu de *L'Autorité*, lisez *L'Activité*.
— 25. — 5 :   —   *ious*,   —   *tous les*

En Vente chez SEGUIN, Libraire
rue Argenterie, 25, à Montpellier

OUVRAGES DU MÊME AUTEUR

Examen de la rationalité de la Doctrine Catholique. 1 vol. in-8°. 1849.

La clef de la Philosophie, ou la vérité sur l'Être et le Devenir. 1 vol. in-8°. 1851.

Traité des Facultés. 1 vol. in-8°. 1859.

De Categoriis. Dissertatio philosophica. 1 vol. in-8°. 1859.

Principes fondamentaux de Philosophie mathématique. 1 vol. in-8°. 1860.

De la pluralité des mondes. 1 vol. in-12. 1861.

Traité des Actes, Sommaire de Métaphysique. 1 vol. in-12. 1862.

ÉTUDES DE PHILOSOPHIE NATURELLE.

N° 1. **Système des trois règnes de la nature.** 1 vol. in-12. 1864.

N° 2. **Réponse directe à M. Renan, ou démonstration philosophique de l'incarnation.** 1 vol. in-12. 1864.

N° 3. **De l'expérience de Monge au double point de vue expérimental et rationnel.** 1 vol. in-12. 1869 (3ᵉ édition).

N° 4. **De l'ordre et du mode de décomposition de la lumière par les prismes.** 1 vol. in-12. 1870.

N° 5. **De l'ordre et du mode de décomposition de la lumière par les prismes ;** Nouvelles preuves à l'appui. 1 vol. in-12. 1872.

N° 6. **Sens et rationalité du dogme eucharistique.** 1 vol. in-12. 1872.

N° 7. **Démonstration psychologique et expérimentale de l'existence de Dieu.** 1 vol. in-12. 1873.

N° 8. **De l'ordre et du mode de décomposition de la lumière par les bords minces.** 1 vol. in-12.

N° 9. **Le système du monde en quatre mots.** 1 vol. in-12.

www.ingramcontent.com/pod-product-compliance
Lightning Source LLC
LaVergne TN
LVHW050557090426
835512LV00008B/1212